AF246007

NOTICE

SUR

M. HENRY MARTIN

Et sa Ménagerie,

Par M. ***,

Ancien Voyageur de Commerce et Amateur des Sciences Naturelles.

PARIS,

Imprimerie de J.-S. Cordier Fils,

RUE THÉVENOT, N°. 8.

1831.

NOTICE

SUR

M. HENRY MARTIN

ET SA MÉNAGERIE.

On est généralement porté à n'accorder de l'estime aux connaissances humaines, que lorsqu'elles sont le produit de longues études, et accompagnées d'un langage scientifique : il est pourtant des hommes qui, sans autre guide qu'un génie particulier d'observation et un zèle continu, sont parvenus à des résultats très-remarquables ; il est juste de leur tenir compte de leurs recherches, et d'apprécier les découvertes qui en sont le fruit.

M. Martin dirige, depuis dix ans, une Ménagerie ; sa patience et son esprit observateur l'ont conduit à des résultats immenses dans l'art d'étudier les mœurs des animaux féroces, de modifier leur instinct et de maîtriser leur volonté par l'ascendant des bienfaits et d'un courage réfléchi.

Les faits que nous allons citer pourront donner une idée de l'intelligence de M. Martin, et de sa rare intrépidité.

A Brunswick, le 8 août 1823, une belle Lionne était sur le point de mettre bas; M. Martin se hâta de mettre de la paille dans sa loge, où se trouvait encore un Lion ; peu d'instans après elle donna le jour à trois jeunes Lions, très-bien portans, mais le grand Lion s'apprêtait à les dévorer, et leur mère paraissait résolue à les défendre. Un moment eût suffi pour faire naître un combat affreux : M. Martin s'élance dans la loge, intime au Lion l'ordre de s'éloigner vers le côté opposé, place une séparation, et s'empare des Lionceaux, qu'il emporte, malgré la résistance et la fureur de la Lionne, et à la grande admiration des spectateurs.

Pendant quatre mois M. Martin enlevait deux fois par jour ses petits à leur mère, et les lui redonnait pour les allaiter, seul moyen de pourvoir à leur existence, en les préservant de tout danger.

———

A la foire d'Amsterdam, le 9 septembre 1825, une autre Lionne allait mettre bas, et pour mieux la surveiller, M. Martin avait eu la précaution de coucher sous sa loge; il s'aperçoit de la naissance d'un jeune Lion ; il entre dans la loge, le prend, il était mort ; la Lionne cependant en mettait bas un second ; M. Martin pense que la mort du premier pouvait être arrivée du fait de la mère, il songe alors à réaliser un projet, conçu depuis quelque temps, et qui consistait à faire allaiter un Lionceau par une chienne; l'état de maladie de la Lionne le confirme dans cette résolution, qu'il exécute sur-le-champ avec le plus grand succès.

Mais la Lionne n'était pas entièrement délivrée ; M. MARTIN veillait constamment auprès d'elle : enfin après trois jours des plus cruelles souffrances, un troisième Lionceau se présente : la tête seule peut se faire jour ; les forces de la mère sont épuisées, elle va succomber : M. MARTIN, toujours plein de résolution lorsqu'il s'agit du soin de ses animaux, se dispose à entrer dans la cage, et à délivrer lui-même sa Lionne ; on lui conseille de prendre d'abord l'avis d'un homme de l'art ; celui-ci conseille l'emploi d'un instrument chirurgical ; mais le temps presse, le danger est imminent, M. MARTIN s'élance dans la cage, saisit la tête du jeune Lion ; la mère alors recueille ses forces, rugit et va s'élancer ; l'intrépide MARTIN cède à la nécessité, il se retire, revient tenant en main un nœud de cordes, qu'il attache au cou du Lionceau, déjà sans vie, et il a le bonheur de délivrer entièrement la mère. La Lionne éprouve alors un soulagement subit, et paraissant reconnaître l'auteur de ce bienfait, elle se soulève et caresse son maître, comme pour lui en témoigner sa reconnaissance.

Cette Lionne, qu'on essaya de faire téter par un chien, ne pouvait décidément pas allaiter ; le jeune Lion, objet des soins assidus de M. MARTIN, continua à être allaité par une chienne, et conserva la meilleure santé ; il vécut un an dans les appartemens de

son maître, amusant tout le monde par ses gentil-
lesses, se faisant remarquer par un caractère doux et
caressant, au développement duquel sa nourrice avait
sans doute contribué, et mourut d'une manière bien
malheureuse ; il jouait avec de vieilles pantoufles,
quelques fragmens de laine furent avalés, M. Martin
était absent, il eût la douleur de le perdre faute d'a-
voir pu le secourir à temps.

Dans le mois de février 1827, M. Martin avait
transporté sa Ménagerie à Gottingen, dans le Ha-
novre. Un jeune Lion de quatre à cinq ans éprouvait
un commencement d'indisposition : connaissant par
une longue expérience le tempérament de ses animaux, il jugea que son Lion avait besoin d'une nour-
riture rafraîchissante, et lui fit donner des poulets
vivans : ce moyen lui avait presque toujours réussi ;
mais cette fois un cas particulier dérangea sa prévi-
sion ; le Lion perdit complettement l'appétit, et en
moins de quinze jours il fut réduit à un tel état de
faiblesse, que pour renouveler sa litière cinq garçons
de la Ménagerie étaient obligés de le soulever et de le
changer de place.

M. Martin continuait à administrer à son Lion des
lavemens émolliens, et des boissons rafraîchissantes,
injectées au fond de la gueule, au moyen d'une se-
ringue, sans aucun succès ; désespéré d'un aussi fâ-
cheux résultat, il eût recours aux conseils de M. Bloem-
bach, célèbre professeur de l'Université de Gottingen,

qui prescrivit un médicament, dont l'effet donna un peu de soulagement au malade, qui, néanmoins, retomba bientôt dans une situation tout-à-fait désespérée.

M. Martin ne le quittait plus, il remarque avec étonnement que les lavemens nombreux sont rendus en même substance, il réfléchit aux efforts prodigieux de son Lion, qui ne peut cependant parvenir à chasser la plus petite quantité d'excrémens ; l'idée d'un obstacle qui s'oppose à l'évacuation naturelle vient le frapper, et la résolution de l'enlever est aussitôt prise; il entre dans la cage, va à son Lion, qui, dans ce moment, avait repris un peu de vigueur; d'une main pour le contenir, il s'attache fortement à la crinière, de l'autre, qu'il a eu la précaution de frotter d'huile, il cherche à pénétrer dans le rectum de l'animal; l'opération est longue et difficile, le Lion souffre, il pousse des rugissemens affreux, les doigts et la main pénètrent enfin; M. Martin sent distinctement un corps étranger, un os arrêté assez avant, et en travers dans le tube intestinal, de ses doigts il le fait sortir d'un des côtés où il est engagé, le pousse dans le haut avec précaution, lui imprime une ligne perpendiculaire, et le retire doucement; à peine la main est elle dehors qu'un amas immonde de matières s'échappe; la digue est rompue, la cage est inondée, et toute la constance de M. Martin peut à peine supporter l'odeur méphitique qui s'exhale.

Le Lion est sauvé; un os de poulet avalé allait donner la mort à ce roi des animaux : un maître prudent lui rend l'existence, et reçoit cette fois encore mille caresses pour prix de ce bienfait.

Le superbe Lion Cobourg formera le sujet d'une dernière observation.

A Kestires, près Gera, en Saxe, et en présence d'une nombreuse assemblée, on donnait le repas aux animaux, M. Martin n'avait pas encore eu la précaution de ne donner que de la viande dont les os étaient ôtés, un morceau de cou de bœuf est livré à Cobourg, le superbe animal enfonce une des dernières dents molaires dans un fragment d'os des vertèbres; cet os reste engagé de manière à résister aux plus grands efforts. Le Lion fait usage de ses griffes, se déchire la gueule, et l'os ne peut se dégager; cette situation durait depuis vingt-quatre heures; le Lion ne mangeait plus; une inflammation considérable se manifestait : M. Martin se décide à tout entreprendre pour faire cesser un accident qui peut avoir des suites funestes : armé d'un boulon de fer de ses voitures, il entre dans la loge; des deux mains il sépare les mâchoires de l'animal, et examine attentivement au fond de la gueule la position de l'os qu'il s'agit d'enlever ; appuyant alors adroitement le bout de la baguette de fer sur un des côtés de l'os, de l'autre main il frappe sur le bout opposé, l'os est dégagé, et le Lion est guéri.

Je pourrais ajouter aux faits que je viens de racon-

ter, et qui peuvent être attestés par de nombreux té-
moins, une foule d'autres circonstances intéressantes,
mais il faudrait un volume pour les contenir, et je
n'ai l'intention que d'indiquer sommairement les
titres du brave et laborieux M. Martin à la bienveil-
lance et à l'admiration des amateurs des sciences naturelles; je terminerai donc cette courte Notice par
le récit d'un évènement plus récent, qui donnera un
aperçu de l'empire extraordinaire que M. Martin a
su obtenir sur les animaux qu'il dirige.

M. Martin faisait conduire sa Ménagerie à la foire
de Fribourg, en Suisse, c'était en novembre 1828:
à quelques lieues de cette ville un des chars servant
au transport est brisé, un autre est préparé; l'opération fut longue; la nuit approchait, il fallait arriver
le lendemain : une récompense promise décide les voituriers à marcher jusques bien avant dans la nuit.
M. Martin allait en tête, l'obscurité ne lui permit pas
de remarquer l'imprudence des conducteurs, qui,
au moment de se mettre en route, ayant chargé leurs
sacs d'avoine derrière une des charrettes, crurent de-
voir les assurer davantage en les attachant, et c'est
aux cadenats qui fermaient la porte de derrière de la
cage où était renfermé le Tigre que les cordes furent
liées; les cahots répétés de cette route raboteuse eurent
bientôt fait céder toutes les fermetures; mais les sacs
retenus encore par les grosses cordes du chargement,
retinrent la porte fermée par leur propre poids.

À une heure après minuit on arrive enfin au village où l'on se proposait de faire rafraîchir le convoi, les chars sont laissés au devant de l'auberge, l'un des voituriers s'empresse d'aller transporter les sacs d'avoine à l'écurie, il les prend un à un jusques au dernier, il revient enfin pour emporter son manteau; il tenait à la main une lanterne : quel spectacle frappe ses yeux! les sacs disparus, la porte avait été libre, le tigre était sorti, et l'imprudent voiturier le voit tout-à-coup au devant de lui... peut-on se faire une idée de la terreur dont ce malheureux est frappé, la pensée d'une mort cruelle et inévitable s'empare de son imagination. Adieu ma femme, adieu, mes chers enfans, s'écrie-t-il dans ce moment funeste : adieu tout ce qui m'attachait à la vie, rien désormais ne pourrait me la conserver.

Cependant le Tigre placé sur le derrière du char, au-devant de sa cage restait immobile en face de l'homme infortuné, dont la terreur avait glacé les membres : un instinct de conservation, un avis de la Providence inspire à ce malheureux le seul moyen sans doute qui pût lui rester de sortir d'une situation aussi dangereuse; il dirige à l'instant le foyer de lumière qu'il tient à la main sur les yeux du Tigre, s'éloigne à pas lents et mesurés, de manière à apercevoir toujours les reflets de sa lanterne sur la face du Tigre; une porte enfin se présente, il l'ouvre précipitamment, la referme, et tombe épuisé par d'aussi violentes commotions.

Revenu à lui, il annonce, en balbutiant, ce qui lui est arrivé ; il va à M. Martin, veut lui apprendre le fatal événement ; mais son trouble, son agitation donnent un sens équivoque à ses paroles. M. Martin croit entendre au lieu de ces mots : Le Tigre est dehors, votre Tigre est mort ! Il court vérifier ce fait, et ne prend seulement pas la précaution de se faire éclairer ; il était si loin de soupçonner l'affreuse vérité. Le voilà donc près de la cage du Tigre ; tâtonnant avec les mains, lorsqu'il entend le cruel animal grondant au-dessus de sa tête : peut-on se faire une idée d'une situation aussi épouvantable ?

Mais M. Martin rappelle promptement son courage ; il sait qu'à la moindre hésitation, à la plus légère tentative de fuite, il peut être dévoré ; il sait aussi combien est grand l'ascendant qu'il a obtenu sur ses animaux, une forte résolution l'inspire et le soutient. Le plus cruel des animaux féroces ne doit point aller semer l'épouvante et la désolation dans la paisible Helvétie, dit-il, plutôt mourir mille fois que d'exposer ses bons habitans aux tristes suites d'une imprudence, que je n'ai pu ni prévoir ni empêcher ; et alors, sans la moindre hésitation, il assêne un vigoureux coup de poing sur le museau du Tigre, et, le frappant à coups redoublés d'une casquette qu'il tient à la main, il le force à rentrer à reculons dans sa cage, où il l'enferme.

A son retour à l'auberge, l'effroi était tel, qu'il lui fut

difficile de se faire ouvrir ; on ne pouvait croire qu'il eût pu échapper à un aussi grave danger ; on pensait que le Tigre suivait ses pas. Les villageois écoutèrent avec avidité les détails qu'il leur donna , et ce terrible événement est encore aujourd'hui le sujet des récits que font aux voyageurs les habitans de ce pays.

Vœux et Réflexions de plusieurs Amateurs des Sciences naturelles.

M. Martin va s'éloigner avec regret de la France , sa patrie. On aurait désiré que le gouvernement eût fait quelques tentatives pour l'attacher aux ménageries royales, en lui confiant le soin et la direction, principalement des animaux carnivores. Voici, pense-t-on, les avantages qu'on en retirerait :

1°. La ménagerie du Jardin du Roi a été souvent dépeuplée d'animaux carnivores; cette mortalité , très-coûteuse, tient à l'insuffisance des connaissances pratiques, qui doivent diriger les soins à donner à ces animaux , accompagnées du courage nécessaire pour l'application d'un traitement. Elle vient aussi de ce que les animaux ne sont pas toujours nourris de viandes parfaitement fraîches et saines ;

2°. M. Martin a recueilli depuis dix ans une foule d'observations sur l'accouplement et la génération des animaux féroces; il rendrait de grands services à la science par de nouvelles expériences, et à la ménagerie par de nombreux élèves, dont l'éducation donnerait des résultats tout-à-fait nouveaux et intéressans ;

3°. Sa présence à la ménagerie serait, pour les Parisiens et les nombreux étrangers, un attrait de plus pour aller visiter le Jardin du Roi, depuis long-temps peu fréquenté. M. MARTIN est trop zélé pour renoncer à ses exercices ; là, comme ailleurs, il aimerait à s'occuper de l'éducation de ses animaux, et ce spectacle ferait encore l'admiration des amateurs ;

4°. Si M. MARTIN cédait sa ménagerie, on ferait l'acquisition de quelques sujets rares et très-curieux ;

5°. M. MARTIN est un honnête homme, qui apporterait dans tous les détails du service qui lui serait confié, un esprit d'ordre et de surveillance, tels, que la santé et la conservation des animaux, seraient assurés ; il en résulterait une grande économie dans les dépenses, un aliment de plus à la curiosité et aux plaisirs du public, et enfin des avantages réels pour les progrès des sciences naturelles.

F I N.